निर्झरिणी

Dr. Indu Mati Rai

BookLeaf Publishing
India | USA | UK

Made with ❤ on the BookLeaf Publishing Platform
www.bookleafpub.in
www.bookleafpub.com

Dedication

यह पुस्तक अपने गुरु बाबा, गुरु जी और चाची जी को समर्पित करती हूँ, जिन्होंने न केवल ज्ञान दिया बल्कि अंतःकरण का द्वार भी खोला। जिनकी दृष्टि ने मुझ में वह देखा जो मैं स्वयं न देख सकी। जिनके चरणों में मौन का अर्थ सीखा और शब्दों की मर्यादा सीखी। जिनकी अमृतमयी कृपा-दृष्टि अनवरत निर्झरिणी बन कर प्रवाहित होती रही, जिसने पीड़ा को शांति में और मौन को कविता में रूपांतरित किया। जो हर क्षण स्मरण कराती रही कि सच्चा सृजन –विलीन हो जाने की प्रक्रिया है। निर्झरिणी इस प्रवाह की अभिव्यक्ति है। यह कृतज्ञता है गुरु-कृपा के लिए जो जीवन में मौन जलधार के भांति सदा बहती रही।

Preface

पुस्तक लेखिका के जीवन के उन अनुभवों, कर्मों,चिंतन और आत्म साधना का प्रतिफल है जो एक लंबे कालखंड में समय और कर्म और आध्यात्म के मध्य संतुलन स्थापित करते हुए आकार लेते गए। लेखिका का जन्म उत्तर प्रदेश के पवित्र नगरी वाराणसी के एक ग्राम में हुआ। 'वाराणसी'–जहाँ गंगा की धारा नित्य जीवन को छूती है और जहाँ आध्यात्म सांसों में बसता है। एक आध्यात्मिक परिवार में जन्मी लेखिका का बचपन भी आध्यात्मिक वृत्ति से परिपोषित था।

ग्रह-चाल ने लेखिका के जीवन में विचारशीलता,रचनात्मकता और आंतरिक जिज्ञासा को जागृत किया। यह पुस्तक इन्हीं तत्वों की अभिव्यक्ति है–सृजनशीलता और आध्यात्मिक जीवन से जुड़े अनुभवों तथा अंतर्दृष्टियों का एक दर्पण।

लेखिका का यह प्रयास है कि यह कृति केवल आत्मवृत्त न होकर पाठकों के लिए भी एक प्रेरणा स्रोत बने–जहाँ वे स्वयं के जीवन को समझने,आत्म-मंथन करने और अपने मार्ग को खोजने में सहायता पा सकें।

कभी-कभी जीवन की शांत धारा में कोई अदृश्य स्पर्श हमें अंतर तक झकझोर देता है,और उस अनदेखी शक्ति ने लेखिका को अनुभूति,संवेदना और साधना का पथ दिखाया। जीवन की इस लंबी यात्रा में समय ने बहुत कुछ सिखाया–कभी टूटना तो कभी संवरना; कभी खोना तो कभी पाना। संतानों की मुस्कान में ईश्वर की झलक दिखी, रचनात्मकता में सृष्टि का स्पर्श मिला, स्वास्थ्य ने चेतावनी

दी,परिस्थितियों ने दर्पण दिखाए,परंतु आत्मा ने बार-बार यही कहा–"तू शरीर नहीं चेतना है।"

आध्यात्मिकता,जीवन की सत्यता और अस्तित्व के तत्व सदैव ही लेखिका के सोच के केंद्र रहे हैं। जब हम जीवन के बाहरी,आंतरिक झंझावातों के बीच अस्तित्व को महसूस करते हैं, तो हम समझ पाते हैं कि वास्तविकता कभी स्थिर नहीं होती। यह निरंतर परिवर्तनशील है, और हमारी आत्मा इसके साथ हर दिन नया रूप धारण करती है।

हम सभी एक अपरिभाषित उद्देश्य को लेकर इस संसार में आते हैं। यह उद्देश्य हर व्यक्ति के जीवन में भिन्न हो सकता है, परंतु इसका गूढ़ अर्थ वही होता है–आत्मा का जागरण, सृजन-प्रक्रिया में भागीदारी और आध्यात्मिक समझ का विकास। लेखिका के जीवन यात्रा में यही विचार अडिग रहे। स्वास्थ्य,धन,संतान और रचनात्मकता–यह सब बाहरी मापदंड हैं, जो केवल हमें इस यात्रा में मदद करते हैं, परंतु अंततः हमें यह समझने की आवश्यकता होती है कि जीवन का सार आत्मा का अनुभव और उसके सच्चाई को जानना है। ग्रहों की स्थितियाँ, समय की चाल और जीवन के उतार-चढ़ाव–ये सभी एक शक्ति के द्वारा संचालित होते हैं। हमारी आत्मा उन परिस्थितियों का केवल गवाह होती है, उनका अनुभव करती है और उन्हें समझने का प्रयास करती है। जीवन का प्रत्येक पहलू–चाहे वह भौतिक हो या आध्यात्मिक–हमारे भीतर अनंत ज्ञान का श्रोत छुपाए हुए होता है।

इस पुस्तक में लेखिका ने उन अनुभवों, उस दृष्टिकोण और उस आंतरिक यात्रा का चित्रण किया है, जो एक साधक को अपने अस्तित्व के सत्य तक पहुंचाने का मार्ग प्रशस्त करती है।

यह पथ जिसे लेखिका ने प्राप्त किया, वह प्रत्येक आत्मा का मार्ग है और यह पुस्तक उस मार्ग पर चलने वाले एक साधक के संघर्ष,समर्पण और आंतरिक समन्वय की अभिव्यक्ति है। यही जीवन का महानतम रहस्य है–आत्मा का अज्ञेय सत्य, जो हमें हर मोड़ पर अपना मार्ग दिखाता है।

यह भी सत्य है कि–प्रत्यक्ष रूप से यह कृति लेखिका के बौद्धिक संघर्ष और विचारों का समन्वय है जिन्हें पुस्तक रूप में परिवर्तित करने का श्रेय प्यारी बिटिया 'प्रियंका'को जाता है और इसको संकलित करने और इसको पुस्तक के रूप में तैयार करने में पतिदेव का पूर्ण सहयोग है; अतः मैं इन दोनों को सहृदय धन्यवाद देती हूँ।

अब यह भविष्य के ऊपर निर्भर है कि यह पुस्तक किसी को कुछ सोचने के लिए बाध्य करती है या नहीं।

Acknowledgements

सर्वप्रथम आभारी हूँ अपने माता-पिता की, जिनके निश्चल दृष्टि और मौन आशीर्वादों ने मुझे इस धरती पर जीवन मूल्यों से परिचित कराया। जिनकी छत्रछाया में संवेदनाओं ने आकर पाया। जिनकी स्मृति आज भी मेरे भीतर प्रेरणा बनकर बहती है। आभारी हूँ अपने परिवार की जिन्होंने मुझे हमेशा समर्थन और प्रेरणा दी। परिजन और दोस्तों के लिए भी आभारी हूँ जिन्होंने मुझे हमेशा प्रेरित किया। उन सभी के प्रति आभारी हूँ जिन्होंने इस रचनात्मक कार्य में हर प्रकार से सहयोग किया।

1. 'भूख'

पृथ्वी का हर जीव 'भूख',
शब्द से परिचित है रहता।
लगी भूख जब जीव को,
तब ही वह विचलित होता।

भूख-प्यास को सह पाने की,
क्षमता सबकी अलग-अलग।
कोई तुरत ही विचलित होता,
कोई कुछ क्षण सह भी लेता।

छुधा तृप्त जब तक ना होती,
मानव तब तक विचलित रहता।
छुधा शांत जब ही हो जाती,
जीव-मात्र तब शांत हो जाता।

यह तो तन की भूख है यारों,
भोजन से जो है मिट जाती।
पर इतने में ही ना सीमित,
'भूख' शब्द है सुन लो प्यारों।

तन की भूख जब हुई शांत तो,
दूजी भूख लगी तब मन को।
भूख लगी तब किसी को धन की,
सुंदरता की लगी किसी को।

ज्ञानी हूँ मैं समझाने की,
संत शिरोमणि बतलाने की।
मैं कुलीन हूँ बतलाने की,
बलवान बहुत हूँ समझाने की।

ईश्वर का मैं बहुत दुलारा,
पर तू तो है बहुत नकारा।
मैं कुलीन पर तू कुलघाती,
विश्वसनीय मैं तू अपराधी।

मैं हूँ सद्गुण का भंडार,
तू दुर्गुण का है अवतार।
पूजनीय मैं इस दुनियाँ में,
निंदनीय गुण का तू खान।

ऐसी भूख लगे जब जिसको,
मानवता को है खो देता।
इच्छा पूर्ण करन की खातिर,
बहुत भ्रष्ट है वो हो जाता।

ऐसी भूख लगे ना तुमको,
सावधान रहना ही होगा।

मन में पनप रही इच्छा को,
खंड-खंड करना ही होगा।

निज विवेक को जागृत करके,
जब भ्रष्टेक्षा से बच पाओगे।
मानवता की परिभाषा को,
पारिभाषित तब कर पाओगे।
कर पाओगे।
कर पाओगे।

2. 'गौरइया की जोड़ी'

इक चिड़िया की जोड़ी ने,
मिलकर महल बनाया।
बड़े प्यार से उन दोनों ने,
अपना महल सजाया।

महल सजा करके दोनों ने,
बच्चों को जन्माया।
अंडे फोड़ के निकले बच्चे,
बहुत ही शोर मचाया।

चीं-चीं,चू-चू कर-कर के,
सब का मन हरषाया।
चिड़िया की जोड़ी ने खुश हो,
भाग्य का जश्न मनाया।

ठोर मार-मार शीशे पर,
मादा चिड़िया खुश होती थी।
बच्चों को खिला-पिला कर,
खाली वक्त यही करती थी।

रूप देखने की लालच में,
दूजे शीशे पर वो आई।
रूप देखने की लालच में,
पंखे से वो जा टकराई।

पंखे से फिर टकरा करके,
उसने अपनी जान गंवाई।
हुआ अकेला चिड़ा बेचारा,
पर उसने ना कि बेवफाई।

बच्चों को वो पाल रहा था,
बिना रुके औ बिना थके ही।
ढीली पड़ी न उसकी ममता,
डूब गया शिशु-पालन में ही।

चारा चुग-चुग उन्हें चुगाता ,
चाहे कितना ही थक जाता।
चाहे दिन हो रात हो चाहे,
पर वो कभी नहीं घबराता।

ऐसे ही दिन बीता जाता।
रात भी ऐसे बीत रही थी।
पंख निकाले बच्चों ने जब,
तब तो गज़ब समां बंधी थी।

उड़-उड़ करके इधर-उधर,
वो दिन भर शोर मचाते थे।

उड़ना सिखा रहा था उनको,
चिड़ा बहुत ही मनोयोग से।

सीख लिया बच्चों ने उड़ना,
खुद से ही खाना औ पीना।
निज कर्तव्यों को पूरा कर,
के ही चिड़ा भी शांत हुआ।

निज कर्मों पर खरा उतर के,
उसने हमको संदेश दिया।
कृपा बहुत है तुम पर मानव,
कृपा किया है उसने तुम पर,
पर तूने ना उपयोग किया।

इच्छाओं का ढेर लगाकर,
खुद को उनमें ही उलझाया।
जीवन बिता दिया उसमें ही,
सुंदर जीवन बर्बाद किया।

इच्छाओं की सीमा में रह,
तुम कर्तव्यों को पूर्ण करो।
हाथ में काम हृदय में नाम,
धार सभी तुम कर्म करो।

जीवन सफल बना पाओगे,
निज सुगंध फैला पाओगे।
हंसते-हंसते अंत समय का,

स्वागत भी तुम कर पाओगे।

कर पाओगे।

3. 'झाड़ू की आत्मकथा'

तिनके-तिनके जोड़ कर,
बना हुआ है मेरा तन।
घिसट रही हूँ इधर-उधर,
ना समझे कोई मेरा मन।।

समय-समय पर करते हैं,
सब मेरा खूब प्रयोग।
अपनी-अपनी इच्छा से,
करते सब उपयोग।।

कभी इधर तो कभी उधर,
सब मुझे भगाते रहते।
इधर-उधर के सारे कूड़े,
सब मुझसे हटवाते।।

घर के कूड़े सभी हटाउँ,
गंदे फर्श भी मैं चमकाउँ।
कीट-पतंगे, मकड़ी-जाले,
सबको ही में सदा हटाउँ।।

सत्यानाश करूं कूड़े का,
गंदा घर आंगन चमकाउँ।
घर को नया रूप दे करके,
घर-आंगन सुंदर कर जाऊँ ।।

कभी बुहारा करती सड़कें
साफ करूं गंदे नाले मैं।
तपती गर्मी,जमती सर्दी,
में कर्मों को नहीं तजूं मैं।।

घूम रही जो गंदी छाया,
उसको भी मैं दूर भगाउँ।
चोर-उचक्के दिखें अगर तो,
पीट-पाट के उन्हें भगाउँ।

मैं सींकों औ फूल के झाड़ू,
सुधरे रूप में ब्रश बन जाऊँ।
इस ब्रश से गंदे कपड़ों के,
गंदेपन को दूर भगाउँ।

मेरे उत्कृष्ट रूप-सहारे,
परमपिता ब्रह्मांड बुहारे।
अपने शून्य रूप में आकर ,
शांत-शांत सा वो हो जाए।

इतना काम करूं दुनियाँ का,
फिर भी मेरा क्या है हाल।

जब मैं जर्जर तन हो जाऊँ,
लाबारिश कर फेंका जाऊँ।

स्वारथ लागि करें सब प्रीति,
मनुज जाति का ऐसा हाल।
इधर-उधर सब मुझे घूमाते,
जब मेरा सुघड़-सलोना गात।

जब जर्जर तन मैं हो जाऊँ,
कोई न पूछे मेरा हाल।
गलपच जाऊँ मैं सड़ जाऊँ,
मर-मिट जाऊँ ऐसा हाल।

इस दुनियाँ से विदा हो जाऊँ,
कोई न मुड़ के देखे हाल।

यही है इस दुनियाँ का हाल।

4. 'वक्त को वक्त दो'

वक्त को वक्त दे कर देखो जरा तुम,
कैसे सिखलाती है, कैसे बहकाती है।
कैसे अपनों से दूर तुमको ले जाती है,
कैसे अपनों के पास तुमको ले आती है।

कभी उलझाती है कभी सुलझाती है,
गुत्थियों का बवंडर कभी ले आती है।
कभी ख्वाबों की दुनियाँ में ले जाती है,
ये यथार्थों का चपत भी लगा जाती है।

कभी है धूम मचाती कभी हमें है डराती,
हाहाकारों का समंदर भी रच है ये जाती।
कल्पनाओं के सपने भी यही है दिखाती,
भावनाओं के गुलशन भी यही है खिलाती।

सभी स्वांगों का मालिक है वक्त सदा।
बेचारे मानव को उलझाता रहता सदा।
अपने उंगली पे नचाता ही रहता सदा।
अपना दास बनाता है रहता सदा ।

वक्त उलझा न पाएगा कभी भी तुम्हें तब,
इस वक्त का मालिक जब खुद ही बनोगे।
निकल पाओगे चंगुल से इसके तभी तुम,
प्रभुत्व अपना जमाओगे तभी इस पे तुम।

वक्त को वक्त तुम देकर के देखो,
बुरा वक्त भी आगे सरक जाएगा।
इस वक्त को वक्त देकर देखो जरा,
गुत्थियों का बवंडर निकल जाएगा।

वक्त को वक्त देकर के देखो जरा,
अनुकूल भी शायद ये हो जाएगा।
वक्त को वक्त देकर के देखो जरा,
वक्त शांत-सरोवर सा बन जाएगा।

बन जाएगा।

5. 'पीड़ा'

ऐ पीड़ा मुझको आज बता,
तेरा अभिनव रूप है क्या?
छुप कर तीर चलाने वाली,
तेरा अगला घात है क्या?

उड़न खटोले पर चढ़कर,
तू घर-घर है घूमा करती।
पड़ी दृष्टि जिस घर पे तेरी,
सत्यानाश उसी का करती।

दबे पांव तू क्यों आती है?
मन का चैन चुरा जाती है।
कोई बैठा हो शांत-मना तू,
उसको भी तड़पा जाती है।।

खुशियों का मर्दन है करती,
तेरा अब भोजन आज कहाँ?
अब किस पर तीर चलाएगी ,
अब ग्रास बनेगा कौन कहाँ?

किस हंसते घर के सुख में,
तू दुख के आग लगाएगी ?
तू किस पावन संतोषी पर,
निज विष-बाण चलाएगी?

खुशियों को ही ग्रसने वाली,
तू मतवाली हो फिरती क्यों?
तू झड़ी लगा कर दुःखों का,
है इतराती इठलाती क्यों ?

मन की शान्ति को हरने वाली,
शांत मना तू कब होएगी?
बड़ा पेट कब भरेगा तेरा,
ऐसे कर्म तू कब त्यागेगी ?

सुन तू ,तेरा रूप घिनौना,
देख तुझे हैं सब डर जाते।
घर-घर घूम रही तू लेकिन,
देख तुझे हैं सब भग जाते।

पर तेरा दोष कहाँ है दिखता,
कुकर्म ही तुझको बांध रहे,
सद्कर्म करें ये मनुज अगर,
तो तेरे कारण फिर क्यों तड़पें?

सब कर्मों का लेखा-जोखा,
गुरुजन सब कहते हैं यही।

करते चलो कर्म तुम सुंदर,
तो पीड़ा तुमको दिखे नहीं।

पर पीड़ा तू बुरी है केवल,
ऐसा कहीं नहीं है दिखता ।
कर्म बुरे से बचते रहने की,
शिक्षा देती ऐसा लगता।

तुझसे कैसे बाहर आएं,
राह ढूंढना तू ही सिखाए,
कष्ट मिटाते हैं जो साधन,
साधन वो भी तू ही सिखाए।

पीड़ा तू ऐसी भी बुरी ना,
तुझे देख जो नर घबराए।
तेरे कारण मनुज सदा ही,
सही राह की शिक्षा पाए।

कर्म काटती पीड़ा दे कर,
शुभ कर्म तब रंग दिखाए।
सुकर्मों की कुटिया में जा,
जीवन का सुख नर पाए।

6. "पैसा रे पैसा"

बहुत नाचती दुनियाँ सारी,
पैसा केवल तेरे कारण।
नहीं जानते माँ-बापू को,
पैसा केवल तेरे कारण।

मानवता को छोड़ चुके हैं,
पैसा केवल तेरे कारण।
अंधे होकर दौड़ रहे सब,
पैसा केवल तेरे कारण।

कैसे भी तुझको पाने को,
दौड़ रहे सब होकर आतुर।
रात औ दिन सब बीते जाते,
पइसा तुझको पाने खातिर।

तेरा नशा है सिर चढ़ बोले,
कृपा हुई जिस पर है तेरी।
जिनके पास नहीं तू रहती,
व्याकुल वो इच्छा में तेरी।

ना बाबू ना भइया जग में,
सबसे बड़ा रुपइया ।
सुनती आई यही कहावत,
जाना अब ये मर्म रुपइया।

सही बात है खाना,पीना,
पढ़ना, रहना तेरे कारण।
जग के सारे काम संभलते,
पइसा केवल तेरे कारण।

तेरी भूख बढ़ी जिस मन में,
उसने अधम राह है पकड़ी।
ईश्वर को कोने में रख कर,
धर्म की सब जंजीरें तोड़ी ।

सही राह से तुझे जो पाए,
धर्म की राह उसी की होती।
येन-केन किसी प्रकारेण,
प्राप्त हुई तो अधम तू होती।

जब सज्जन की शोभा बनती
सुंदर रूप तेरा तब होता।
मानवता के परिपोषण-हित,
सदुपयोग वह तेरा करता।

तेरा करता।

7. 'चश्मा'

चश्मा तू करता है कमाल।

आंखों पे चढ़ सब दिखलाए,
तू टूटा तो मन घबराए।
कम नजरों का एक सहारा,
बिन तेरे कुछ ना हो पाए।

सबका तू करता कल्याण।

तेरे बिन जब कुछ ना सूझे,
अकल सही तब ना रह पाए।
जब सूरज हमको तड़पाए,
धूपी बन तब सुख पहुंचाए।

ऐसे तू देता आराम।

सही देख जो भी ना पाए,
पकड़ा रहता उसका हाथ।
देता उसको बहुत सहारा,
हर पल उसका देता साथ।

ऐसे देता तू आराम।

धारण करता रूप अनेकों,
बहुरंगी सुंदर सी काया।
सबको बहुत लुभाती तेरी,
काली,पीली, नीली काया।

ऐसे तू करता है धमाल।

जब नजरों से ओझल होता,
हर कोने तब ढूंढा जाता।
जब तू है हमको मिल जाता,
बहुत शांति तब हमको देता।

मन को भाए तेरा काम।

तेरे कारण कम नजरों का,
मानव करे नहीं एहसास।
तू सबकी है गति बढ़ाता,
बढ़ाता है मन में विश्वास।

ऐसे तू करता है कमाल।

8. ‘आस्था’

आस्था कैसी होती है,
अगर जानना हो तो,
चलें कुंभ के मेले में,
परिभाषित ये होती है।

नहीं ठिकाना खाने का और,
नहीं ठिकाना रहने का।
नहीं ठिकाना सोने का भी,
नहीं ठिकाना अगले पल का।

पर जाएंगे हम जाएंगे,
यही सोच सबकी होती है।
पहुंचेंगे या नहीं वहां पर,
इन सोचों से सभी परे हैं।

किसी तरह से वहां पहुंचना,
किसी तरह वह धरती छूना।
स्नान करेंगे किसी तरह से,
यही सोच सब ने अपनाया।

चलते रहे बहुत कोस पर,
थके हैं ऐसा सोच ना पाते।
रात और दिन चलते ही रहते,
थके हैं ऐसा समझ ना पाते।

चेहरों पर मुस्कान बिराजे,
तन से भी वो थके ना लगते।
उद्घोष सदा भगवन् नामों का,
बच्चे भी हैं करते रहते।

कुंभ के परिसर में आ पहुंचे,
तो मन खुशियों में ही डूबा।
नहीं बैठ पाते गर वो तो,
दुख नहीं चेहरों पर दिखता।

रात हुई छत नहीं मिली तो,
अंबर- नीचे डेरा डाला।
रेत को बिस्तर समझ वहीं,
रात बिताना सोच ही डाला।

पतले पॉलिथीन को बिस्तर,
बना उसी पर लेट गए।
ओढ़ के पतले से कंबल को।
खुशी-खुशी वे रात बिताए।

उठे सुबह तो दौड़ पड़े वो,
गंगा मां का दर्शन करने।

स्नान करेंगे हम गंगा में,
सोच यही वो खुश हो लेते।

स्नान किया और संतों के,
फिर दर्शन का आनंद लिया।
बहुत तृप्त होकर तन-मन से,
लौट पड़े वे सब निज घर को।

ऐसी ऊंची चीज है आस्था,
जिसका कोई जोड़ नहीं।
तन को तो थकने ना देता,
मन को भी थमने नहीं देता।

अगर आस्था हो ईश्वर पर,
तो जीव प्रभु से मिल ही लेता।
अगर आस्था हो नश्वर पर,
तो जीव भी नश्वर होकर रहता।

भूत-प्रेत पर आस्था हो तो,
भूत प्रेत वो बन के भटकता।
जहां कहीं भी आस्था होगी,
जीव वहीं का होकर रहता।

आस्था ही गर रखनी है तो,
ईश्वर पर फिर क्यों न रक्खें।
संवरेगा इह लोक हमारा,
दूजा लोक संवर जाएगा।

संवर जाएगा।

9. 'जीवन यात्रा'

इक यात्रा चलती रहती है,
मानव के जीवन में हरदम।
पालन-पोषण के खातिर,
चलती रहती है ये हरदम।

पर इक यात्रा ऐसी होती,
होती शुरू जन्म के साथ।
आजीवन वो चलती रहती,
रुकती श्वासान्तिम के साथ।

होती शुरू यह जीवन-यात्रा,
जब शिशु भू पर आन गिरा।
निरत- निरंतर चलती रहती,
वो जब तक भू से नहीं उठा।

हंसते-रोते और खाते-पीते,
शिशु जब थोड़ा बड़ा हुआ।
तो शुरू हुई यात्रा चलने की,
पहला पग जब भू पर रखा।

खाता-पीता,गिरता-उठता,
दौड़ लगाता रहता फिरता।
जब यह यात्रा पूर्ण हुई तो,
इक नव-यात्रा में वो लागा।

शुरू हुई फिर शिक्षा-यात्रा,
बहुत समय तक ये भी चली।
शिक्षार्जन संग बड़ा हुआ तो,
मुद्रा-अर्जन की चिंता लगी।

फिर वो शादी के बंधन में,
बंध अगली यात्रा में लागा।
परिपोषण के कार्यो में फिर,
लगा हुआ ही जीवन त्यागा।

खत्म हुई वो जीवन-यात्रा,
जो प्रथम श्वास से शुरू हुई,
श्वासान्तिम के संग ही यात्रा,
यह जा करके ही पूर्ण हुई।

जिसने जैसा कर्म किया,
उसकी वैसी यात्रा होगी।
कर्मों के परिणामों कारण,
जीवन-यात्रा सदा चलेगी।

सदा चलेगी।

10. 'पेंडुकी'

पेंडुकी तो चिड़िया है ऐसी,
शांत बहुत ही जो रहती है।
अगर बनाया प्यारा घर तो,
उसी पर वो बैठी रहती है।

दाना कब चुगने जाती है,
देख नहीं हम ये भी पाते।
पाल रही बच्चों को कैसे,
जान नहीं हम ये भी पाते।

कभी-कभी बोला है करती,
नहीं तो चुप बैठी ही रहती।
शांत-शांत और शांत बहुत,
ही दिनभर वो बैठी ही रहती।

अपने बच्चों को कब,कैसे,
चारा भी है कभी चुगाती।
औ कैसे अपने बच्चों को,
उड़ना भी है वो सिखलाती।

उसके बच्चे कब और कैसे,
उड़ने लगते हैं आसमान में।
बच्चे भी कब उड़ कर भागे,
यह भी जान नहीं हम पाते।

पाल-पोस दिया बच्चों को,
फिर भी वहीं है बैठी रहती।
लीन तपस्या में ऋषि जैसे,
वैसे चुपचाप सदा है रहती।

पेड़ुकी वहीं है या दूजी है,
समझ नहीं हमको आता है।
कैसे समझें क्या करती है?
समझ नहीं हमको आता है।

जब उसका जोड़ा आता है,
तो दोनों में संवाद है होता।
तब ही बैठी पेंडुकी उड़ती।
रिक्त स्थान है दूजी भरती।

वहन करें कर्तव्य का कैसे,
इसका भी तो ज्ञान उन्हें है।
निज परिवार की रक्षा कैसे,
करना है यह ज्ञात उन्हें है।

सारी चिड़ियाँ शोर मचातीं,
पर चुपचाप वो बैठी रहती।

चिड़ियों में भी अंतर इतना,
बात समझ में हमें है आती।

पशु-पक्षी और नर-नारी के,
व्यवहारों में भेद है मिलता।
कोई-कोई है उधम मचाता।
तो कोई शांतमना है रहता।

कोई घास-फूस ही खाता,
केवल कोई मांस ही खाए।
औ फूलों का रस चूसे कोई,
कूड़ा-करकट भी कोई खाए।

जीव-जंतु, कृमि औ मानव,
सबका होता भिन्न स्वभाव।
जल के बीच में कोई रहता,
कोई है मांद के अंदर रहता।

कोई पेड़ से चिपका रहता,
कोई नभ में सदा बिचरता।
कोई बहुत भयावन लगता,
कोई बहुत सुहावन लगता।

कोई डंक मार जीवों को,
केवल पीड़ा ही पीड़ा देता।
कोई शहद बनाकर हमको,
अमृत जैसा भक्ष्य भी देता।

जीव अनगिनत हैं दुनियाँ में,
उतना ही व्यवहार है दिखता।
पर निज प्राणों की रक्षा का,
भाव सभी जीवों में दिखता।

मानव ! फिर सारे जीवों को,
क्यों छल से है मारा करता?
जीने का हक जब सबको है,
क्यों उनकी ना रक्षा करता?

रक्षण, भक्षण औ सर्जन ,
तेरे ही जैसा वो भी करते।
निज कर्मों के लिए बुद्धि,
भी तेरे जैसा वो भी रखते।

मानवता का परित्याग किया,
तो क्या दानव तू बन जाएगा?
वे करते रहते निज नियत कर्म,
तो जीने का अधिकार न देगा?

जीव मात्र के मार-काट का,
अधिकार कहाँ से तू पाया?
जीवन -दान नहीं दे सकता ,
तू हत्या का हक कैसे पाया?

खुद को तू उन्नत है समझता

पर बता कि उन्नत है कैसे तू?
जिह्वास्वादन के लालच में,
करता ही रहता हत्याएं तू।

ईश्वर ने तुझे बुद्धि दिया तो,
उस बुद्धि का सदुपयोग कर।
जीव-मात्र की रक्षा कर तू,
मानवता का संरक्षण कर।
संरक्षण कर।

11. 'प्यारी बेटी'

मेरी प्यारी बिटिया रानी,
सबको ही खुश रखती है।
सबके ही मन में बसती है,
सबका ध्यान ये रखती है।

फूलों जैसी दिखती है।
हम सबको ही भाती है।
प्यार से बोला करती है।
सबका मन हरसाती है।

प्यारी सी ये बिटिया रानी,
सुघड़-सलोनी दिखती है।
पावन-प्यार की गंगा में ये,
डुबकी लगाया करती है।

प्यारी प्यारी सी ये बेटी।

12. 'इच्छा'

राम-रहीम सभी के मन में,
करती है तू सदा निवास।
व्याप रही तू सबके मन में ,
हर मन है तेरा आवास।।

इच्छा तू कितनी बलवान।

तू ही सृष्टि का कारण बनती ,
प्रलय का कारण भी तू बनती ।
देव, दनुज, मानव सबके ही,
मन पर है तेरा अधिकार।।

उनका मन तेरा आवास।

अरमान, स्वप्न,मनोकामना,
हसरत नाम अनेकों जग में।
चाहे कोई नाम हो तेरा,
काम तेरे बहुतेरे जग में।।

तू जग में विख्यात।

बच्चे,बूढ़े,जीव- जंतुओं ,
पशु -पक्षी में तेरा वास।
कोई जीव न छूटा तुझसे,
तुझसे ना कोई अनजान।।

सबके मन पर तेरा राज।

अच्छे कर्म कराती तू ही,
बुरे कर्म भी तू ही कराए।
नहीं मिला उसको पाने की,
इच्छा बनकर कर्म कराए ।।

सृष्टि में तेरा विस्तार।

नहीं मिला सीधे ढंग से तो,
उल्टे काम भी तू ही कराती।
होता जाता पतन जीव का,
ऐसा चक्कर तू ही चलाती ।।

चक्कर तेरा है हथियार।

जिसमें निज विस्तार है करती,
परम लोभ के वश में होता।
लोभ का मारा वो बिचारा,
अपनी मानवता खो देता।

ऐसे ही हैं तेरे काम।

मानवता को खोते ही फिर,
परम स्वार्थी वो हो जाता।
स्वार्थ का मारा वो विचारा,
क्रोधाधीन शीघ्र हो जाता।।

ऐसी ही है तू शैतान।

क्रोध के वश में जब हो जाता,
बुद्धि-विवेक सभी खो देता।
मारकाट या चोरी करके ,
अपनी इच्छा पूरी करता।।

और वो बन जाता शैतान।

पतन-गर्त में गिरता जाता,
अत्याचार बहुत वो करता।
घृणा-पात्र वो सबका बनता
छुपकर के है जीवन जीता।।

होता वो पृथ्वी का भार।

कर्म बुरे भी तू ही कराए,
जब बनती है तू शैतान।
अच्छे कर्म भी तू ही कराए,
जब होती तू बहुत महान।।

ऐसे ही जग में विख्यात।

क्षण भर को भी नहीं छोड़ती,
सृष्टि चराचर नापा करती।
मीठी-कड़वी बोल बोलती
बहरूपिया बन घूमा करती।।

विविध कर्म करे दिन रात।

कहीं किसी के मन में बस,
कर,पशु धर्म है उसे सिखाती।
कहीं-कहीं रंगीन मिजाजी
बनकर,जीवों को उलझाती।।

ये सारे तेरे ही काम।

कहीं-कही तू उपर उठ कर,
देवों जैसा कर्म कराती ।।
कहीं-कहीं तू ध्यान-तपस्या,
की मूरत सी भी दिख जाती।।

रूप हजारों तेरी शान।

बुरे कर्म भी तू ही कराए,
जब बनती है तू शैतान।
और जभी तू नीचे गिरती,

शैतानों की बाढ़ ले आती।।

तब होती दुर्गुण की खान।

नहीं भरोसा तुझ पर करते,
जो खुद को ही जीत हैं लेते।
जिनका मन है तू बहलाती,
उनको तू है बहुत घुमाती।।

ऐसे हैं तेरे व्यवहार।

तरह-तरह के रूप धारती,
कहीं नाचती बन शैतान।
कहीं-कभी उन्मुक्त भाव से,
बनती मानवता की शान।।

बहुत रूप तेरे विद्यमान।

जिस नर में सीमा में रहती,
सीधे डगर पे वो है चलता।
बहुत सताती उस मन को तू,
जो मन तृप्त कभी ना होता।।

इन कामों में तू विख्यात।

जिस मन में विस्तार तू लेती,
उसको ही व्याकुल कर देती।

मन में ज्वाला सी भड़का कर,
उसका शांति-हरण है करती।।

शांति-हरण है तेरा काम।

कभी घूमती घूंघट काढ़े,
नंग-धड़ंग कभी तू घूमे।
कहीं किसी के मन में बस
कर,रातों की नींद उड़ाती।।

निद्रा की करती काम तमाम।

मीठे बोल भी तू ही बोले,
कर्कश बोल भी तू ही बोले।
ऊँच-नीच हर जीवों को तू,
बहुत ही नाच नचाती डोले।।

ऐसी तू बलवान।

इच्छाधारी नागिन बन कर,
करती कई कुलों का नाश।
रोते तब वो माथ पकड़ के,
देख के कुल का सत्यानाश।।

ऐसी तू विकराल।

पर जब तू सीमा में रहती,

मानव के सन्तुष्टि खातिर,
खुशहाली देने की खातिर,
उनसे अच्छे कर्म कराती।

तब होता सुंदर व्यवहार।

मुनिजन में जब तू ना व्यापे,
ईश-भजन में रमे वो रहते।
व्याप गई गर उनके मन में,
फिर तो वो गड्ढे में गिरते।

ऐसी तू शैतान।।

नहीं व्यापती जिसके मन में,
सुख- संतोष का है वो खान।
मुख पर उसके शांति बिराजे।
सचमुच है वो बहुत महान ।।

इच्छा तू इतनी बलवान।

अहंकार को विदा जो करता,
ईश-जगत से है जुड़ जाता।
उसके दोनों लोक संवरते,
शुद्ध-बुद्ध खुश वो रहता।।

होता है वो ईश -समान,
होता ईश्वर का वरदान।

होता सृष्टि का वरदान,
होता है वो बहुत महान।।

बहुत महान।

जग के सारे प्राणी उसका,
दर्शन पाकर खुश हो लेते।
उस ईश्वर के वरद-रूप को,
जग के प्राणी पूजा करते।।

होता वो ईश्वर-वरदान।
ईश्वर-वरदान।

13. 'संयुक्त मिलन'

मधुर-मधुर संयुक्त मिलन ये,
मधुर-मधुर सौगात ले आता।
मधुर-मधुर यादों से भर कर,
पुष्पों की डलिया दे जाता।

महक-महक कर पुष्प सभी,
सबकी ही याद दिलाते हैं।
कभी अकेले नहीं रहेंगे,
यह विश्वास दिलाते हैं।

फूलों की डलिया में गुन-गुन,
कर-कर के भंवरे भी कहते।
ऐसी मधुर-मधुर दुनियाँ में,
हम भी हैं आनन्दित होते।

ऐसी प्यार - पगी दुनियाँ में,
जिसका हरपल बहुत सुहाना।
मन-मानस का शांत सरोवर,
तृप्ति-लहर से भरता जाता।

ऐसी ये संजीवनि-बूटी,
मानवता की जननी बूटी,
तृप्ति-लहर से भरती जाती,
संयुक्त-मिलन की अमृत-घुट्टी।
अमृत-घुट्टी।

14. 'इच्छायोग'

इच्छायोग इक योग है ऐसा,
जिससे जुड़े वही फल दे दे।
जुड़े प्रकृति या ब्रम्ह से चाहे,
जुड़े अगर वो वैसा फल दे।

कर्म-योग से मिला तुझे तन,
मानव उसको व्यर्थ न कर।
व्यर्थ करेगा अगर इसे तो,
उसका तू भुगतान भी कर।

जो काटेगा सो पाएगा,
सत्य यही है जीवन का।
सावधान हो जा रे पगले,
मानव जीवन व्यर्थ न कर।

अगर प्रकृति में ही घूमेगा,
तो बस इसको ही पाएगा।
इसी प्रकृति में घूम-घूम तू,
अपना ये जीवन खोएगा॥

ऋषि भरत तो ब्रह्म ऋषि थे,
सारा जीवन ध्यान किया था।
हिरण-शिशु से नेह लगाकर,
उस योनि को धार लिया था।

दूजा जन्म लिया जब था तो,
अंतर में उनके पूर्ण ज्ञान था।
पर जड़ सा खुद को रखा था,
इच्छाओं को त्याग दिया था।

उनको कोई कुछ भी बोले,
अपमान करे चाहे भी कोई।
खुद में ही मगन रहा करते,
कह दे कुछ संसार का कोई।

इच्छाओं को त्याग दिया तो,
जन्म-मरण से मुक्त हुए वो।
जड़ भरत सा अगर हो जाओ,
तो तुम जीवन मुक्त हो जाओ।

इच्छाओं को पाल के कोई,
इच्छाजाल में फंस जाएगा।
इच्छाओं के जनक अहम्,
को त्याग शांत हो जाएगा।

परमपिता को होके समर्पित,
तू अपना ही जनम सुधरेगा।

त्याग दिया गर इच्छा को तो,
मोक्ष का तू अधिकारी होगा।
अधिकारी होगा।

15. ‘बुलबुल’

एक चिरईया बुलबुल रानी,
मन की वो है बहुत सयानी।
सुंदरता का भान उसे है,
‘सुन्दर हूं’ अभिमान उसे है।

उसकी कलंगी बहुत सुहानी,
समझ रही खुद को पटरानी।
वो मीठे बोल है बोला करती,
फुदक-फुदक के गाया करती।

जब अंडे देने के दिन आते,
तो वो नीड़ की चिंता करते।
कहां बनाएं नीड़ हम अपना।
वो यही सोच ले घूमा करते।

नीड़ बनाना है हमको अब,
इसका भी एहसास उन्हें है।
औ नीड़ बनाना हमें यहीं है,
इन बातों का ज्ञान उन्हें है।

न मिली अनुकूल जगह तो,
बहुत ही शोर मचाया करते।
शोर मचा-मचा कर फिर तो,
नीड-सृजन वो कर ही लेते।

वो नीड़ बनाकर अंडे देती,
अंडे का सेचन फिर करते।
अंडे फोड़ के निकले बच्चे,
तो चारा उन्हें चुगाया करते।

पंख निकाल रहे बच्चे तो,
उधम बहुत मचाया करते।
भागा करते इधर-उधर वे,
मां-बापू को हैं तंग करते।

बैठें कहाँ उड़ें हम कितना,
बच्चों को ये ज्ञान न रहता।
इस कारण से मां-बापू को,
बहुत सजग है रहना पड़ता।

बच्चों को उड़ना सिखलाने,
के वक्तों का ध्यान वो रखते।
सिखला कर मां-बापू जाते,
तो फिर बच्चे शांत ही रहते।

मां-बापू के न दिखने तक।
चुपचाप बहुत हो बैठे रहते।

मां-बापू को देख लिया तो।
बहुत ही शोर मचाया करते।

बच्चे इधर-उधर ना भटकें,
इसका ध्यान सदा वे रखते।
एक साथ सबको रहना है,
बच्चों को सिखलाते रहते।

एक साथ बच्चों को रखकर,
कहीं और वो रात बिताते।
सुबह सवेरे फिर आकर के,
निज बच्चों के संग हो लेते।

जब बच्चे चारा चुगने लगते,
औ भली-भांति उड़ने लगते।
तब बच्चों को उड़ा ले जाते,
निज कर्तव्य से मुक्ति पाते।

बुलबुल के इन कर्तव्यों को,
देख जरा तू सीख रे मानव।
सृजन,पालन और विसर्जन,
नियत समय पर कर मानव।

जीव जंतुओं के माध्यम से,
हमको प्रकृति सिखाती है।
कर्म करो क्योंकि करना है,
पर मोह न उससे रखना है।

मोह न उनसे रखना है।

16. 'प्यास'

बचपन से बस एक प्यास है,
प्यार भरा मंदिर हो मेरा।
ना हो तेरा ना हो मेरा,
स्नेहिल सांसों का हो बसेरा।

हत भागी बस यहीं हुई मैं,
दुनियाँ मिली,न मिला बसेरा।
घूम-घूम मन ढूंढ रहा था,
निःस्वारथ का जहाँ बसेरा।

मिला आज बस वही बसेरा,
जिसकी चाहत सदा थी मन में।
करती हूँ प्रणाम मैं प्रभु को,
चाहत पूर्ण हुई, थी जो मन में।

17. 'सूरज दादा'

सतरंगी घोड़े पर चढ़कर,
सूरज दादा नभ में आए।

भरा थाल तारावालियों का,
चंदा मामा लेकर भागे।

स्वर्ण-धार से भरा कटोरा,
उलट दिया धरती नहलाया।

पूर्ण चराचर जागृत हो गया,
तुम क्यों सोए।? हुआ सवेरा।

18. 'सबेरा'

मेघा नभ मंडल में आया,
वर्षा की सौगातें लाया।

रिमझिम-रिमझिम पड़ी फुहारें,
सबकी प्यास बुझाने आया।

थी उदास धरती यह सारी,
तूने उसने मस्ती भर दी।

झूम-झूम कर तरुगण कहते,
सूरज दादा तुम्हें नमस्ते।

लुका छिपी कर सूरज कहता,
मंगलमय हो आज सबेरा।

19. 'शुभ दिवाली'

दिए जलते रहें, खुशियाँ आती रहें,
आनंद सागर में गोते लगाते रहें।

वैभव बढ़ता रहे, प्रेम चलता रहे,
जग में गरिमा का मौसम सुहाना रहे।

यह आती ही रहे दुःख हरती रहे,
शुभ का संदेश सबको ही देती रहे।

विषैले भावों का निष्कासन होता रहे,
मृदुल भावों का बीज पनपता रहे।

सुंदर भावों का संगीत चलता रहे,
दुःखों का कहीं भी झलक ना मिले।

सुख-संतोष की नदियाँ बहती रहें,
जग में ज्ञान का अमृत बरसता रहे।

मैं करती कामना दिवाली की यही,
कष्ट हरणी दिवाली सदा आती रहे।

आती ही रहे।

20. 'खुशियों का श्रोत'

खुशियाँ हमसे ही आती हैं,
पहचानी हमसे जाती हैं।
इस जग की शालीन शिखा से,
हमसे बातें ये करती हैं।

मर्यादा की उच्च शिखर पर,
आरुढ़ित हम से होती हैं।
इस जग की आधारशिला हम,
सबके मन में रमते हैं हम ।

हम ही हैं दीपक की बाती,
हरियाली भी हमसे आती।
कण-कण है हमसे खुशहाल,
मत समझो हमको जंजाल।

तरु से आती छाया भी हम,
जग में व्यापी माया भी हम।
मन से करोगे हमसे प्यार,
तो तर जाओगे यह संसार।

यह संसार।

21. 'अंतिम श्वास '

लेटी हुई श्वास है अंतिम,
मानवता दिखती है आज।
मतलब रहित सुजन कोने में,
कहीं-कहीं दिखते हैं आज।
छोड़ चली मैं सुःख दुःखसारा,
पर छोड़ूं कैसे प्रभु-नाम।
बोले इंदु शांत - भाव से,
सब दुःखों का यही निदान।

सब दुःखों का यही निदान।

www.ingramcontent.com/pod-product-compliance
Lightning Source LLC
La Vergne TN
LVHW050804051026
849532LV00008B/2955

* 9 7 8 9 3 7 0 9 2 3 9 1 1 *